JN439888

청어詩人選 73

예, 여기 있습니다

| 김미화스텔라 시집 |

청어

예, 여기 있습니다

김미화 지음

발행처 · 도서출판 **청어**
발행인 · 이영철
기 획 · 전수진 | 김홍순
영 업 · 이동호
편 집 · 김영신 | 방세화
디자인 · 오주연 | 김바라
제작부장 · 공병한
인 쇄 · 두리터

등 록 · 1999년 5월 3일(제22-1541호)

1판 1쇄 인쇄 · 2010년 8월 31일
1판 1쇄 발행 · 2010년 9월 7일

주소 · 서울시 서초구 서초동 1588-1 신성빌딩 A동 412호
대표전화 · 586-0477
팩시밀리 · 586-0478

블로그 · http://blog.naver.com/ppi20
E-mail · ppi20@hanmail.net
ISBN · 978-89-94638-04-1 (03810)

예, 여기 있습니다

| 시인의 말 |

무척이나 더웠던 여름이 가고, 가을이 찾아왔습니다.

아름다운 인생처럼 붉게 붉게 타올랐다가 어느 날 쓸쓸히 바람에 지는 낙엽은 다양한 목소리로 진리의 메시지를 전해줍니다.

운명의 바람 앞에 낙엽이 지듯 인생도 언젠가는 허무하게 질 것입니다.

올해에도 수많은 성당의 교우들과 유명 인사들이 먼 길 떠나 본향으로 돌아갔습니다.

첫 시집 출간 이후, 두 번째 시집을 묶어 낼 수 있는 건강과 기회를 부여받은 것은 하느님께서 주신 축복입니다.

살아 숨 쉬는 동안 욕심내거나 위축되지 않고, 주신 달란트를 소중히 여겨 누군가에게 힘이 되고, 위안이 되는 신앙시들을 열심히 쓰려고 합니다.

그동안 배려해주신 수많은 분의 얼굴이 스칩니다. 한결같이 선한 눈빛들입니다.

남편 라파엘, 딸 크리스티나, 아들 사도요한에게 제 깊은 사랑의 마음 전하고 싶고, 제 시를 읽으며 행복해하시는 어머니 마리아, 그 넓고 깊은 은혜에 이 시집을 보답의 선물로 바치고 싶습니다.

사랑하는 교우들과 저의 시를 아껴주시는 독자들에게도 깊은 감사를 드립니다.

끝으로 부족한 작품에 고귀한 흔적 남겨주신 김년균 이사장님, 손희락 선생님께 깊은 감사의 마음 올립니다. 시인의 길 묵묵히 걷겠노라 다짐 드립니다.

2010년 가을에

김미화(스텔라)

| 서문 |

신앙과 인격의 조화로 빚어낸 시(詩)

김년균(한국문인협회 이사장)

김미화 시인은 한국문인협회 홍보분과 위원으로 수고하고 있다.

문인협회의 행사가 있을 때, 아름다운 목소리로 품격 있는 진행(사회)을 해주어서 참으로 고마웠다. 행사가 끝나고 "수고했습니다" 하고 인사하면 침묵의 웃음으로 대답한다. 항상 밝은 미소로 웃지만, 그 미소에는 겸손의 향기가 난다. 가슴속 깊은 신앙과 인격에서 표출되는 고고한 향기일 것이다.

"글(작품)은 그 사람의 인격이다"라는 말을 나는 즐겨 사용한다. 시인의 시를 읽으면 그 사람의 인생관이나 삶에 대한 철학이 어느 정도 눈앞에서 그려진다. 그래서 독자들은 작품 속에서 생면부지의 시인을 만나 교감하고, 시인의 팬이 되고, 심적 공감대를 형성하는 것이 가능한 것이다.

돌무덤 밀치고
빛으로 일어나신 주님
당신 주시는
생명의 불씨 받으러
4월의 꽃비 내린 길 뛰쳐나갑니다
어둔 방에서
막 깨어난 아이마냥

당신 계신 곳에
제 영혼 걸었기에
넘어지고 넘어져도
다시 살아나는 목숨입니다
피를 타고 도는 사랑
이제 제 것이 아님을
부활절 아침
당신께 고백합니다

–「부활절 아침에」 전문

이 시를 읽으면서 나는 잔잔한 감동을 받았다. 김미화 시인은 깊은 신앙으로 "당신 계신 곳에 제 영혼을 걸었다"고 고백하고 있다. 육체는 이 세상에 발을 딛고

살지만 마음과 영혼은 영원한 천국에 소망을 두고, 그곳을 목표로 하여 하루하루 살아가고 있다는 표현이다.

그런데 더 뜨거운 감동을 주는 부분이 있다.

"피를 타고 도는 사랑/ 이제 제 것이 아님을/ 부활절 아침/ 당신께 고백합니다"

2연 끝 부분에서 '제 것이 아니다' 라는 표현 속에서는 여러 가지 뜻을 발견할 수 있다. 자신보다 남을 위해서 희생하고, 배려하는 삶을 살아가고 싶다는 선을 추구하는 욕망이 강하게 배어 있다. 이기주의가 판을 치는 현실에서 누가 이토록 아름다운 마음을 가질 수 있을까? 신에 대한 절대적인 경외감과 어려운 이들을 위한 사랑이 가슴속에서 파도치고 있음이 느껴진다.

이런 인생관이 정립되기까지는 자신과 싸우는 고뇌의 과정을 거쳤을 것이다. 러시아의 문호 도스토옙스키는 인간의 마음을 "신과 악마의 전쟁터"라고 말하였다. 자신과 싸우는 마음의 싸움에서 승리하기가 어렵기 때문에 철학자 플라톤은 "인간 최대의 승리는 내가 나를 이기는 것이다"라고 외치며 교훈을 주었다.

김미화 시인은 자신과 싸워서 신앙의 힘으로 이긴 것 같다. 현실에 만족할 뿐 아니라, 소외되고 어려운 이들을 돕고 싶어 한다. 이번 시집의 작품들은 부활절에 예수님을 만나는 것 같은 심정으로 쓰였고, 작품들 속에서 독자들을 향한 진리적 평화로움이 넘쳐나고 있다.

인격이 고상한 분인 까닭에 시가 시인을 닮았고, 시인이 시를 닮아 있다. 몇 번씩 반복해서 읽고 싶은 좋은 작품들도 눈에 띈다.

『예, 여기 있습니다』라는 시집의 표제처럼 소외된 이들에게 주님의 사랑을 전달하는, 이 세상에 꼭 필요한 사람으로 살아가기를 바라면서 두 번째 시집 상재를 진심으로 축하드린다.

c·o·n·t·e·n·t·s

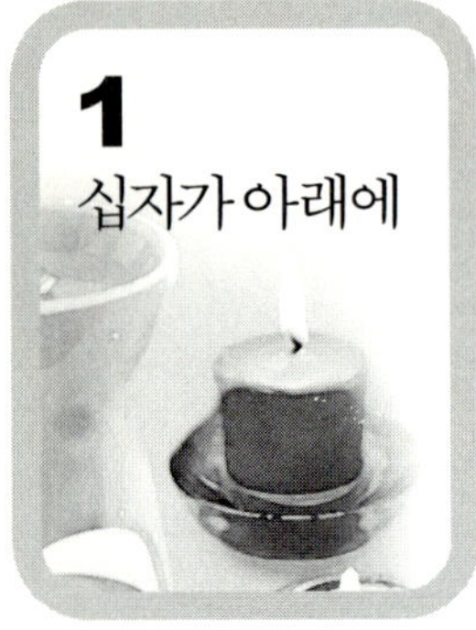

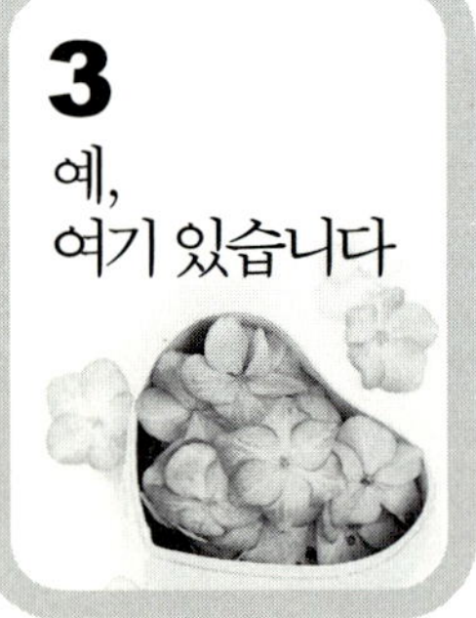

4
사랑의 종소리

5
천상의 대화

1
십자가 아래에

고통의 언덕 올라
기쁨의 구슬땀 내려놓을 곳
바보가 가 닿는 종착지
진짜 바보가 웃으며 지고 있는
사랑의 십자가 아래이면
좋겠습니다

• • • • • 예, 여기 있습니다

영원히 남는 것

잿빛 하늘에 갇혀 있던
겨울 마음
불어오는 봄바람에
조각조각 떨어지며
구름 등 실려 사라져간다

저 멀리 사라져가는 것은
실체가 아닌 것
실체 아닌 것은
저 멀리 사라져가는 것
저 멀리 사라져가는 것에
미련 두지 말자

구름이 비킨 자리
푸른 하늘에 하나 둘 영그는
눈부신 봄 선물
마음속 깊이 녹아
사라지지 않을 실체
행복 사랑 기쁨 평화
영원히 남는 것에 가슴이 뛴다

또다른나

인생의 산 붉게 물들고
세월의 낙엽 추락하여 벌거벗어갈 때
내 머릿속
또 다른 자아 존재하고 있음을 발견할 수 있었다

쇠심줄 강박으로 옭아매며
먹구름 장대비 뿌리고 가는
그를 소멸시키기 위해
빛깔 다른 약물에 의존하여 잠이 들었다

힘들었다
괴로웠다
어디서 본 듯하고
내면이 닮아 있는 존재와의 투쟁

마음 빼앗기, 지고, 이기고, 이기고, 지고
싸움을 거듭할수록 그가 사랑스러워졌다
나는 물었다
당신은 도대체 누구냐고

그는 침묵하였지만 곧 깨달았다
한 번뿐인 삶
세월의 소중함 깨우쳐주려는
또 다른 나였음을…

매미와 사람

푹푹 찌는 폭염 속
노래하는 매미
흰 구름 율동에도
기뻐 춤추지 않습니다

사랑하는 형제들
허물 벗지 못한 채
나무 기어오르다
사라져버렸기 때문입니다

푹푹 찌는 무더위 속
흐느끼는 매미
시원한 바람 불어와도
휴식, 낭만 즐길 줄 모릅니다

저 넓은 하늘
마음껏 날아보지 못한 채
한 줌 흙으로 돌아가야 하기 때문입니다

인생, 흘러가는 시간들 소중한 것이기에
지혜로운 매미 슬퍼 울지만
어리석은 사람 쾌락에 빠집니다

고해성사

자아 성찰하며
통회하는 심정으로
가슴 칩니다

벽과 벽
단절된 공간 허물고 불어오는
용서의 바람 소리

사제의 훈계와 보속
성모님 부드러운 음성으로 변환되어
평화, 기쁨을 줍니다

행복한 이별
– 떠나시는 오 이냐시오 사제께

"괜찮아요"

실수로 붉어진 마음
차분히 식혀주던 따뜻한 말

"기대 안 해요"

부족함에 노랗게 들뜬 마음
평안히 가라앉혀주던 잔잔한 말

"알아서 하세요"

더 잘하려 끙끙대는 푸릇한 마음
믿음의 물빛으로 덮어주던 아늑한 말

늘 그랬습니다
흘리시는 땀만큼 내면의 인내
소리 없이 보여주셨습니다

마을 길 제대로 안내한 적 없어 부끄럽지만
당신은 약속한 대로 하늘 가는 길

너무나 쉽게 찾아갈 수 있도록
용기의 내비게이션, 저희 가슴에 달아주셨습니다

먼 훗날
하늘 가는 길모퉁이 어드메쯤에서
이름 서로 부르며 뒤돌아볼 수 있으면 좋겠습니다

앉은뱅이 소

할 말을 못 하는 눈망울엔
그렁그렁 맺힌 눈물 대신
날 선 선지가 잔뜩 엉겨 붙었다
하늘이 허락한 일용할 푸른 풀과 마른 풀
되새김할 미각 잃은 지 오랜 듯
백태 덮여 갈라진 혓바닥
길게 늘어뜨리고 있었다
채찍 아닌 그 무엇으로 쳐도
움직일 낌새 어디에도 없었다
살아갈 존재의 가치 절망으로 녹아
주저앉은 뼈 위로 논리의 냉소만 스쳐 지날 뿐
먼 산 응시하며 스르르 감은 눈
이기의 분리대 위에 올려져 있었다
미식의 탐닉으로 내려치는 시퍼런 칼날 아래
피 꽃 튀며 분해되는 병든 몸
끊어지는 목구멍에서
진저리치며 삼켜 살찌운 동료의 뼈와 살
미친 몸부림으로 쏟아내고 있었다
언제까지 푸른 빛 감도는 토사물에
입맛 다시는 파리 떼만 윙윙 들끓고 있었다

십자가 아래에

자신이 바보임을 알고 떠난
어느 큰 성직자의 초상화 앞에서
나도 바보가 되고 싶어
눈물이 났습니다
바보가 걸어가는 길
곳곳에 놓인 십자가
무겁다 길다 거칠다
불평 없이 지고 갈
인내의 어깨를 청해봅니다
고통의 언덕 올라
기쁨의 구슬땀 내려놓을 곳
바보가 가 닿는 종착지
진짜 바보가 웃으며 지고 있는
사랑의 십자가 아래이면 좋겠습니다
그 십자가 아래에
바보의 행복한 눈물 오래 흘리고 싶습니다

불신의 늪

그 말씀의 빛에 일어나고
그 말씀의 빛에 잠자던 몸
드리운 유혹의 먹구름에
천 길 늪으로 빠져든다
두 손 높이 쳐들고 수없이 되뇌지만
그분은 내게 오지 않는다
하늘에 계신, 하늘에 계신
그 옛날
그분의 옆구리에 손 넣으려 했던 도마
그 신뢰의 한계 나와 같았을까
보지 않고도 믿는 이의 행복
많은 것을 보게 하는
쉽고도 어려운 진리
목숨 걸고 사랑한 사람
눈앞에 보내준 은총 통해서도
깨닫지 못하는 미련한 가슴
허공 속 뻥 뚫린 구멍에 손 집어넣고
불신의 늪, 와르르 무너질 계단만 쌓는다

두물머리에서

너는 너대로
나는 나대로
세월의 강에 실려
산기슭 나무 빛에 젖으며
하늘 뜻 순명으로 흘러온 물줄기
채워지지 않은 영혼의 목마름
남은 운명의 출렁임에 이끌려
서로 간절히 맞닿으려 한다
이쯤에서 엇갈리면 이젠 영영

너와 나
아픈 생
두물머리에서 합쳐지는
행복의 물결같이
촉촉한 가슴, 기쁨의 몸짓으로 만나
오래도록 함께
세상 바람으로 흔들리는
애틋한 반짝임이 되고 싶은 게다
영원한 윤슬의 영혼처럼

새해 소망

뜬눈으로
세월의 한 매듭 묶고 일어나
새벽 찬 세면대에 피 한 방울 뚝 흘린다

꽃봉오리같이 솟는 소망을 보며
매 순간의 삶
꽃으로 피어나길 기도한다

삼백예순다섯 날
깊은 뿌리에서 밀어 올리는 수액
그 끝에 매달릴 한 송이, 송이 꽃들

순간순간 비추이는 햇살
시기와 질투의 아픈 시선
담기지 않기를

한 모금, 모금 머금는 목축임의 단물
고통, 시련의 눈물
섞이지 않기를

그리 아름답지 않아도
피어나는 저마다의 빛깔로
고개 숙임 없는 힘찬 몸짓 보고 싶다

숨 멎을 듯 부는 거친 바람에 짙은 멍 들어도
가녀린 세포 속 소리 없이 스며드는
고운 빛 사랑에 뜨거운 감사로 다시 살아

영겁의 시간 속 어드메쯤
소멸되지 않는 희망의 빛 발하며
한 그루 기축나무의 꽃들로 당당하게 피어 있기를

멀리 있는 당신

겉은 하얗게 웃고
속은 까맣게 타들어가
바람과도 마음 섞고 싶지 않은 날
별빛 속 거니는 당신 그립습니다

아직 한 줌 재가 되어
사라지고 싶지 않은 미련
잠드는 석양 외면하고
마른 비에 가슴 내밀고 싶은 날

봄볕 속 거닐고 있는
멀리 있는 당신
그립습니다

겨울 가뭄

살점 뜯기운
너덜너덜한 붉은 담벼락
새벽 불도저 소리
메마른 기침 날리며
쩍쩍 가슴 갈라진다
겨우내 차고 건조한 바람
부르트고 찢기고 파헤쳐진 희망
외진 뒷골목
꼬리 감추고 서성이며
멀뚱거리는 반쪽 양심
희멀건 동정이 무슨 소용인가
함께 젖어야 사는 생
진정 따뜻한 눈빛
훈훈한 입김으로 덮으려 해도
맨살로 별 세는 산등성이는
보라색 짙은 멍으로 얼어붙고
마른 절망, 칼바람에 푸석거린다

복숭아벌레 키우기

가을로 가는 길목
겉이 예쁜 한 여자
복숭아벌레 한 마리 키우고 있었다

머리엔 안락한 흔들의자
가슴엔 포근한 솜 방석
벌레를 위해 깔아주었다

분홍 빰 나날이 익어가는 재미
내뿜는 독한 분비물
전혀 눈치채지 못했다

기고만장 몸놀림
어지러운 속살
그제사
하늘 물에 발 담가보는데

아뿔싸
우윳빛 살갗 가을빛에 눈부시지만
속은 이미 까맣게
땅속 깊이 문드러지고 있었다

온전한 포기

어디에 어떤 사랑
얼마나 쏟아 부으려고
풀벌레 가슴 그렇게도 모질게
밤새 파헤치고 파헤쳤느냐

아침 햇살로 비껴 오시는
당신의 목소리 듣습니다

공주의 사랑 얻기 위해
거미줄 미로 끝없이 헤매는 대신
성채 앞에 자신 버리고
뛰어내리기만 하면 되는
프린스게임의 해답을 깨닫습니다

보이는 모든 것 초월하여
당신 사랑 안에 뛰어내립니다
다 도려낸 빈껍데기
흉한 가슴이어도
예쁘다 안아주실 건가요

질투의 화신

언젠가
사랑의 탈을 쓰고
내 목 조여 올 줄 알았지
이른 새벽부터 늦은 밤까지
내 심장 진저리칠 때까지 서성이는 너
그래도 운명의 손님이라
귀히 여겨 용서하며
친구로 지낼 요량이었어

허나
더는 안 되겠다
시시때때 붉은 혀 날름대며
덤벼드는 네 기세에 눌려
흉측하게 일그러져 가는 일상
내 몰골 가여워
이별의 결단 내려야겠다

확실한 헤라의 기교면
그런대로 눈감아줄 만도 했는데
분수 모르는 오만방자한 네 꼬리
이글대는 불가마에 잘라 집어넣고

못된 허상 밤새워 태워버리고 싶다
집요한 너의 실상 우주 밖 저 멀리
뿌연 연기로 사라질 때까지
소멸시키고 말리라

세부의 시간

계절 넘나드는
기적의 여신이 날 데려간 걸까
꽃샘추위 황사 바람 이름조차 모르는
남태평양 바다신이 날 초청한 걸까
머리엔 봄꽃 올망졸망
때맞춰 꽃망울 터트리고
두 발은 때 이른 태양
푸르게 녹고 있는 여름 바다 노니는
아, 놀랍고도 사치스런 황홀함
주어진 또 하나 귀한 시간의 고리
생각 없이 후딱 지나쳐버릴 미련함
앞서 깨우치는 그분의 사랑일까
가까움에 침침하던 원시안 눈빛에
또렷이 다가오는 세부의 시간
아련한 수평선 너머로 사라지는 배꼬리
두 계절 매달려가며
내 존재의 흐름 한동안 혼동으로 멀미를 했다

2
그리운 얼굴

아, 보고 싶다
얼굴 하얀 이국 여인
흰 당나귀에 태우고
눈 내리는 산골 마을
하늘의 눈꽃으로 피어
지금도 내 가슴에 녹아내리는
곱슬머리 수려한 이목구비
옛 시인의 그리운 얼굴

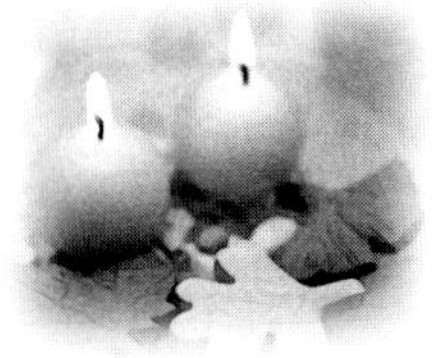

• • • • • 예, 여기 있습니다

봄비

겨울의 끝
봄의 시작 알리는
생명의 봄비 내립니다
지난겨울
찬바람에 깊이 파인 상처
붉은 새살이 돋고
굳은 오해의 무덤
화해의 싹이 트는 기쁨 줍니다
더 착하게 더 어질게
내 가슴에 해빙의 온도 올라갑니다
절망 치유하고
용기와 희망 자라게 하는 봄비
겨울의 끝은
계절의 끝이 아니라
생명의 시작이라는
푸른 빛 아름다운 빗소리 들려줍니다

오두막집

– 포동포동 살찌울 영혼을 위해

긴 겨울
차려입던
덕지덕지 체면의 옷
훌훌 벗어 던지고
발가벗은 몸으로
빛 되고 꽃이 되는
충분히 그럴 수 있는
벼꽃 눈 뜨는 묵은 짚 이엉
노란 처마에서 떨어지는 단물
쌀 씻어 밥 짓는
날아가는 새들도
시샘의 불 때고
입맛 잃어 돌아서던
허기진 산바람도
사랑의 숟가락질 함께하는 그곳

봄앓이로 구르며
온종일
분홍 주름치마에
쉴 틈 없이 쌓이는
시시포스의 돌

입술 파래지도록 밀어 올리는 날
난, 그곳으로 가고 싶다
가난의 황사비 긁히고 짓눌려
한 조각 비스킷으로
바사싹, 바스라지는 영혼들
함께 초대해
창백한 울음 울며
내 살찐 가슴 덜어내어
한없이 원 없이 배불리고 싶다
그곳에서,
그곳에서

그대의 마음 방

밤새
봄비가
창을 두드리는데
갑자기
난
그대의 마음 방이
보고 싶어졌습니다

몇 개의 방 있는지
방마다 이름 있는지
난 어느 방에 머물고 있는지
그 방 앞 지날 때면
아직 봄비처럼 설레는지

언제까지나 포장할 필요 없는
편안한 사랑 꿈꾸는
철없는 욕심
똑똑
물어봅니다

나를 닮은 딸
– 온천에서

뿌옇게 피어오르는
수증기 사이로
생긋 수줍어 웃고 있습니다

사랑스러워 바라보고 있으면
그 옛날
어미 모습 되살아납니다

운명으로 만나 끌어안고 있으니
홀로 있어도 홀로 있는 것 아니며
멀리 있어도 멀리 있는 것 아닙니다

깊어가는 밤 은은한 별빛같이
눈 속에 넣어도 아프지 않을
내 사랑입니다

정년퇴임

– 사랑하는 라파엘에게

33년 7개월
꿋꿋이 외길로 달리던 삶의 자전거에서
무거운 짐 지친 몸 이제 내립니다
안장 벗겨지고 바퀴 닳도록
동분서주 내달리던 인내의 푸른 청춘
수고의 훈장처럼 머리에 하얀 꽃 내렸습니다
동료들과 함께 밟던 페달
삐거덕 소리 내며 탈을 내도
침묵으로 보살피며 상한 곳 보수하던 용기
싣고 가던 식솔들의 근심 천근만근 무거워도
끝까지 보살피던 눈물겨운 사랑
홀로 세상 길 헤쳐 가던 고뇌, 지혜의 핸들 놓지만
새벽 천둥 번개에도 뛰쳐나가던 당신의 숨은 노고
세상 사람들의 눈과 귀 열어주는 숭고한 일이었습니다
그 상급 지상에서 아니면 어떻습니까
아침 햇살 스며드는 식탁에 마주앉아
지나온 발자취 감사의 마음으로 돌아보며
주님 찬미하는 목소리
저 높고 푸른 하늘에 듀엣으로 띄울 때입니다
지금까지 그러했던 당신 곁엔 스텔라가 있습니다
사랑하는 라파엘,

이제 빛바랜 인생의 술잔
마지막 한 모금 나누어 마시며
아름답게 취할 것입니다

맛있는 행복

김치전
김칫국
김치찌개
김치볶음
김치쌈
겨울 눈 내려
반찬거리 없는 여러 날
김치로 만드는 다양한 요리
삶의 맛있는 행복
쌓인 눈높이만큼 알게 했습니다

인생의 방향
목적지마저 달라지는…

그리운 얼굴

늦더위
축 늘어진 철길 위로
한 쌍의 고추잠자리
어디론가 바삐 날아간다
혼신 다하는
절박함의 비행
지상의 열기 벗어나고픈
고통의 몸짓 아닌
사랑이면 좋겠는데
잠자리 꼬리가 그리는
서늘한 하늘에서
뜬금없는 파란 눈송이
달궈진 몸 위로
툭툭 떨어져 녹는다
아, 보고 싶다
얼굴 하얀 이국 여인
흰 당나귀에 태우고
눈 내리는 산골 마을
하늘의 눈꽃으로 피어
지금도 내 가슴에 녹아내리는
곱슬머리 수려한 이목구비
옛 시인의 그리운 얼굴

행복을 위한 하루

그대여,
아침에 눈을 뜨면
무엇을 떠올립니까
마음이 문을 열고
아름다운 세상을 담는 시간
기쁘게 해줄 한 사람
마음의 맑은 여백에 초대하십시오

단 한 사람이라도
기쁘게 해줄 존재가 있다면
행복한 사람입니다
행복은 마음 안에 고이는 옹달샘
사랑의 샘물로 자라는 꽃입니다

그대여,
아침에 눈을 뜨면
이제 투명한 햇살 한 줌
가슴속 곱게 무늬 져 번져오며
피어난 행복의 꽃들
미소로 다가와 손 내밀어 줄 것입니다

2009, 가을의 시인

가슴 가르는
충혈된 숫자 바람에
물들다 떨어진
서러운 이파리 마지막 독백 듣습니다

미련 없이 버려지는
폐지의 글자같이
거리에 구겨진 아픔
꺼져가는 처절한 신음 듣습니다

긁히고 찢긴 상처
소리 내어 울지 못하고
목울대 시퍼렇도록 삼킨 고통
남겨놓은 창백한 흔적의 소리 듣습니다

하늘에 빼앗긴 마음자리
귀 밝은 촛불 하나 둘 밝히고
한 계절 고뇌로 뒹굴어
가슴 야위어도 좋을 복된 운명입니다

무제

한쪽은
채워지지 않는
이기적 욕망 위해
인스턴트 기호 찾았을 뿐인데

다른 한쪽은
쥐도 새도 모르게
살아갈 아픔 위해
숙성된 웰빙 푸드 찾고 있었으니

이 몹쓸 부조화의 끝은 어디일까
영구한 세월 한 자락 물들이고 있는
견뎌야 할 묘한 색채가
오늘따라 나를 슬프게 한다

흐린 겨울 영상

잿빛 능선
빈 가슴으로 초연한
겨울나무의 여윔이 곱다

고운 여윔
노을에 더욱 애잔히 물드는 건
야윈 가슴이 안고 있는
빈 둥지 저 끝없는 기다림

홀어머니 두고 돌아오는 길
부른다고 돌아오지 않을
다섯 알들의 군무
점점이 날아오르는 추억에
저무는 하늘

제대로 구도가 잡히지 않는
흐린 겨울 영상 속
홍안의 이슬 살포시 내린다

뒷모습

마주 보는 눈길 속
숨길 수 없는 고뇌 덩어리
숨 멎을 듯 물컹거리고
흐르는 마음 강
감출 수 없는 잔설의 이야기
눈부시게 녹아내리지만
닿을 수 없어 돌아서는 아쉬움
매번 삼켜도 질리지 않는
밤안개 서걱이는
비릿한 지하철 계단,
숙명처럼 가난으로 밟고 오르는
냉정한 뒷모습에
끝없는 쌓여 있는 수많은 이야기
사계절 올올이 풀고 있는
하늘만 아시는 신비한 사람입니다

마중물 같은 햇살

스며드는 넉넉한 햇살
가을 강 출렁이며 살이 오른다

받으면 받을수록
내면의 푸르름 솟구쳐
하늘에 가 닿는다

아, 나도 가을에 내리는 햇살이고 싶다

누군가의 가슴에 깊이 내려가
아픈 사랑 살찌우고
기쁜 사랑 길어 올리는
마중물 같은 햇살이고 싶다

기도의 손과 발
더 늦어 오염되고
마음의 눈
시력 잃어 어두워지기 전에…

누구신가요

내 눈물 속에 들어와
함께 우는 이
내 절망 속에 들어와
멍에 벗겨주시는 이
내 외로움 속에 들어와
친구로 손 잡는 이
사람의 일로 잊고 지낸 날
본능의 찬바람에 한기 느끼며
탐욕의 잠을 자는
부끄럽고 염치없는 몸
광야에 먼지 같은 떠돌이
은총으로 다가온 네 개의 촛불
진보라 보라 분홍 흰빛에
말갛게 씻고 또 씻고
비우고 또 비우고
버리고 또 버리고 나면
송이송이
기다리는 내 마음의 정원
기쁨의 하늘빛 꽃으로 피어나
가슴 뛰는 향기로 진동하는 당신은
진정 누구신가요

연둣빛 사랑

피를 나눈 자매는
제아무리 멀리 있어도
그 피 흐르는 길
서로에게로 열려 있나 보다
몇 날 극심했던 통증
사랑하는 동생에게로 갔다
천 리 길 지척으로 당겨 앉힌
진한 핏방울
검푸른 구룡포 바닷가
어느 식당에서 알알이 섞인다
가슴으로 넘어가던
고운 연둣빛 전복죽
치유의 숨결 피워 올려
아린 심장 밤새 붉은 파도로 일렁인다

스탠드 그라스밖 세상

하루의 고단함 접고
봄 산 넘어가던 당신
낼 아침 못 일어날 영혼의 인기척에
연민의 발걸음 멈추고
애절한 눈빛으로
성전 스탠드 그라스에 기도의 물 들인다
영롱한 이상의 하늘과
뿌연 땅 현실이 부대낀 괴리
불치의 종양처럼 흉물스런 삶의 부스럼
부끄럼도 없이 가릴 새도 없이
오월의 장미향 천상의 위안으로 흐르는
제대 위 발가벗은 영혼 제물로 눕는다

전신에 전율로 흐르는
그 목소리 그 손길
덧없는 슬픔과 고뇌의 응어리 덕지덕지 달라붙어
하루살이 목숨같이 미련 없이 녹이며
일어날 새 옷을 입힌다
세 번째 넘어진 애끊는 고통에
더 이상 울지 않고
낼 아침 허락된 눈부신 새 생명

스탠드 그라스 밖 살아볼 세상으로
나아갈 의지 초록 잎새로 총총 서두른다
당신 대신해 당신이 기뻐할 소망 그 길로 걸으며

절두산 성지에서

한 떨기 꽃으로 지며
하늘 오른 순교자의 영혼들
한강의 윤슬로 생생히 살아
한 발 두 발 성전으로 오른다
두려워 마라 두려워 마라
다가선 감실 등 붉은 불빛 사이로
그분의 음성이 들린다
어디서부터 시작된 통증인지
머릿속 신경세포들 몸부림치다
제대 위에 혼절로 눕는다

일어나라 일어나라
너를 사랑한 나를 믿고 일어나라
하나뿐인 목숨 나를 위해 던진
네 선조들의 고통
그 영혼들의 영원한 기쁨 생각하며
힘을 내어라
은총의 목소리 듣고
다시 눈뜨며 일어나는 곳
칼날 우는 절두산 성지에
참회의 진홍빛 눈물 흥건하다

가을 미망인

억장 가슴 바스라진
억새의 아린 눈물
어슬 빛 산허리
애잔히 감돌아 내리고

망연 실색
한으로 헝클어진 설 단풍
서리서리 그리움 무젖어
연사흘 낙엽 지는데

살아 웃듯
건들바람 실려 온
망자의 살가운 목소리
“미안해 더 많이 사랑하지 못해서”

빈들에 허수아비
애스런 앞섶 풀어헤치고
한 몸으로 엉키며
서리 빛 울음 울고 서 있다

• • • • • 예, 여기 있습니다

3
예,
여기 있습니다

이른 아침 평화로운
새소리로 부르시고
깊은 산 속 들꽃 향기로 부르시고
풍랑 치는 바닷가
성난 파도로 부르시더니
침상에 눕게 하는 질병의
채찍으로 부르십니다

• • • • • 예, 여기 있습니다

정절의 여인 마리아

나의 어머니 마리아
사랑하는 남편 천국으로 환송하고
뼛속까지 파고드는 바닷바람 끌어안고
긴긴 밤 고독으로 누웠다
귓가에 들려오는 황혼 이혼, 재혼 소식들
세상 현실 변하여 가고 있지만
나의 어머니 마리아 가슴속
오직 한 남자, 첫사랑밖에 없는 것 같다
영과 육 합일되지 않는 사랑
쓰디쓴 허무라 말하지만
참사랑 무엇인지
내 어머니, 당신에게서 배웁니다

여행 포기

무작정 떠나고 싶어
짐을 꾸립니다

설레는 마음으로 앉아
어디론가 떠나는 기차
눈썹 위에 그려봅니다
바다의 품에 안겨도 보고
비릿한 부둣가 나는 갈매기 되어
끼룩끼룩 자유 노래합니다

현관문 나서려는 순간
목덜미 낚아채는 소리
홀로 떠나는 여행의 꿈
한순간
화장으로 그려졌다가
허무하게 지워집니다

깨어진 꿈 조각들
가슴에 품고 사는
여자의 삶입니다

홀로서기

얼룩무늬 옷 입고
현관문 나서네요

간밤에 몰래몰래
훔쳐본 얼굴인데
왠지 낯설기만 하네요

어설프게 내미는 손
보들보들 젖꼭지 간질이던
조막손 아니고요

어색한 포옹
칭얼대며 안기던
애처로운 그 몸짓 아니네요

꺼내지 못한 마음
울먹이는 안개 되어
축축이 온 계단을 적셔도

그 위로 당당히
작별의 미소 흘리며 걷는 걸음
이제 진정한 남자
홀로서기 연습하나 보네요

갇힌 미소

안은 울어 푸른데
밖으론 하얗게 웃게 하는 이끌림의 영혼

저리도록 눈부신 사랑에 젖어
슬프도록 빛나는 한 송이 꽃으로 피고 싶다

손가락 두 뼘 사이 거리

백로에 오른 뒷산 머리 위
핼쑥한 초승달
어제보다 가슴살 더 볼록하다

손가락 두 뼘 사이 거리
별 하나 달 쪽으로
유독 반짝거린다

가늘게 뜬 실눈 속
서로 맞닿지 못해 파닥이는
아련한 심장의 독백
때 이른 이슬에 젖어 낙엽으로 진다

어제, 오늘, 더 먼 날에도
검푸른 밤하늘 무대에
막막하게 마주 설 서러운 정
진주 빛보다 은은하게 흐름은

손가락 두 뼘 사이 거리
마주 보며 차오르는 애끓는 가슴살
끝없는 새벽 갈바람에
눈 시리도록 일렁이고 있음이다

문자 메시지

하얀 별의 꿈으로 가 닿아
하늘빛 영혼 보여주고 싶던 맘
망설임의 손가락 끝 풀꽃 입술로 터집니다

아껴 두어 몇 밤 설레며
전하지 못해 별무리 되어 서럽던 말
반짝이는 음절에 침묵의 불꽃 심어봅니다

죽지 않는 심연의 발화로 조립된 몸체
용기의 카운트다운에 맞춰
기쁨의 새처럼 허공으로 끝없이 날아갑니다

아아, 내 마음 가득 차 아찔한 순간
사차원 행복의 구름다리 지나
텅 비어 아픈 가슴속 가지 끝에
소리 없는 바람으로 되살아나 꿈결처럼 속삭입니다

예, 여기 있습니다 · 1

변화무쌍한 이 세상은
당신이 부르시는
지엄한 목소리로 충만합니다

이른 아침 평화로운 새소리로 부르시고
깊은 산 속 들꽃 향기로 부르시고
풍랑 치는 바닷가 성난 파도로 부르시더니
침상에 눕게 하는 질병의 채찍으로 부르십니다

거룩한 목소리 들려오는
장소, 환경, 상황은 달랐지만
당신께 올리는 대답은 하나뿐

주님
수도자는 아니지만
감사와 겸손으로 엎드립니다
예, 스텔라 여기 있습니다

예, 여기 있습니다 · 2

주님
벅찬 가슴으로 엎드린 사제에게
하늘 문 열어
물고기 잡을 촘촘한 그물 내려주시듯

현실 앞에 엎드린
연약한 여인에게도
성모님 은총으로
강건한 육신 허락하여 주십시오

갈릴리 호숫가
그물 치는 사제의 뒤를 따라
양동이 들고 가는 발걸음 되도록
기도 바치는 입술 위에
축복하여 주십시오

길 잃고 방황하는
영혼과 영혼 사이
사랑, 평화로 닦여진
길을 트게 하시고

천상의 찬미로
우울한 눈빛들 끌어안고
위로의 등 두드리며
사제 앞으로 인도하게 하십시오

벼랑 끝 뿌리 말라가는 초목 발견하시어
물 주는 이 찾으실 때 불러주십시오
별빛 깊은 밤에도
예, 스텔라 여기 있습니다
대답하겠나이다

이제 울지 마세요
– 김수환 추기경님 영전에

저승 꽃 피어나던 얼굴
꺼이꺼이 터지던 당신의 울음소리
지축 흔들리듯
바라보던 가슴 무너져 내렸습니다
늘 짓던 잔잔한 미소
당신이 간직한 아픔, 울음인 줄
진작 알고 있었습니다
발가벗겨져 내몰리는
가난한 이들 가슴속에 들어가 우셨고
세상 정의 위해 고뇌의 몸 던져
핍박받는 이들의 피 흘림
안타까워 우셨습니다

이제 울지 마세요

석양같이 곱던 영혼
두 팔 벌려 반기시는 성모님 품에 안겨
연민의 세상 잡은 손 놓으시고
무거운 어깨 짐 내려놓으시고
활짝 웃으소서
당신이 남기고 간 삶의 흔적

밤하늘 별이 되어 소외된 이웃들 비추일 것입니다
먼 길 가시는 당신은 웃으십시오
이제 당신 대신 우리가 울어야 할 때입니다

눈꽃

이른 봄
한발 앞서 핀 얼음 꽃
나뭇가지에 돋아날
형형색색 꽃과 잎
삶의 귀결
육신으로 반짝인다
화려한 색 덮은
순수의 눈부심
천상에 피어 있을 꽃
까치발에 녹고 있는
저 황홀한 눈꽃이다

개나리

너를 이고
너를 업고
너를 안고

유년의
저물지 않는
봄 길 걷고 싶다

음지에 다시 눈떠
텅 비고
가여운
뱃속으로 들어가

오래도록
배고프지 않는
노오란 밥이 되고 싶다

아카시아 질 때

눈 감아도
버리지 못하는
하나의 기다림

하늘에 닿아
세파에 금 간 등줄기
꽃잎의 눈물 흐른다

세상 저 홀로 조는 날
앙상한 노목의 발가락 사이
하얀 눈물 찰랑거린다

가슴속 내비게이션

시속 **킬로미터 주행거리입니다
가속페달 위 놓인 발
불에 덴 살처럼 떨어진다

하늘로 가는 길
인도하는 인생 길잡이
양심의 전원 꺼졌는지

이리저리 삐뚤삐뚤
길 헤매는
오월 하순 누렇게 뜬 날들

갈 길로 가는 것인지
작동을 멈춘 지 오래된
가슴속 내비게이션
전원의 불씨 애처롭게 찾고 있다

관계

장맛비에 힘겨운 흙담같이
마음, 마음
와르르 무너지는 소리
가슴으로 듣습니다

당신처럼 다 내어줄 수는 없어도
조금씩 손해 보고 참아내고
서로 존중하면
인정의 매듭 풀리지 않을 텐데

시한부로 살다 갈
매미의 목젖 쉰 울음같이
앞뒤 없이 홀로 우는 삶
캄캄한 벼랑으로 무너져 내립니다

위아래 모르고
옆과 옆 모르는 이기의 눈빛
내 탓이라 깨달을 틈도 없이
탐욕의 광풍에 휩쓸려가다

마지막 남을 승리자의 모습
태초에 당신이 빚어놓은 형상일는지
아니면 야수의 이빨 드러낸 어떤 형태로 남아 있을는지
참으로 궁금합니다

봄바람 스치듯

봄 한 철
초록 햇살
안으로 아려 울고
여름 한 철
모진 광풍
밖으로 쓰려 울며
온 가을
앓던 낙엽
낮으로 바스라져 울고
온 겨울
칼날 삭풍
밤으로 시려 울던 가슴

무에 그리
진통이 독한가요
사계절 끝나도록
귀띔 없이
온 계절 따라 앓던
별 그리움 곁으로
봄바람 스치듯 다녀가셔요
알잖아요

별똥별 뚝뚝 떨어져 있는 길
혹시나
오시는 마음 길
모른 척 비워둘게요

성모님 눈빛과 마주치던 밤

어느 날
적막감 흐르는 성전에서 깨달았습니다
가슴 답답하여 기도하다 깨달았습니다

길거리 구걸하는 눈빛
내 눈앞 지나게 하심은
사랑, 나눔, 베푸는 기회로 주셨다는 것을

성모님 눈빛 마주치던 밤
침묵의 입을 열어
아둔함 깨우쳐주셨습니다

4
사랑의 종소리

빈 마음 가득 채운
감사의 기도향기 올리며
하얀 봄꽃으로 피고픈 소망
은은한 사랑의 종소리 실려
신선한 새벽 하늘
달음질쳐가게 하소서

• • • • • 예, 여기 있습니다

동백꽃

한여름
겨울난 동백꽃
가슴속 깊이 들어왔다
타오르던 장미의 열기에도
꿈적 않던 내 심장
동백의 붉고 붉음에 그만 녹아버렸다

미당의 자화상을 읽으며

'나를 키운 건 8할이 바람이다'

문단의 큰 별 지며
내게 던진 화두
지천명의 고개 넘어
이순의 나그넷길 향해
걸어가고 있는 나
지금껏 날 키운 건 무엇일까
일생
영혼의 이끌림으로
바람 쫓아 허덕이며 가는 삶
아무것도 뉘우치지 않을
나만의 남은 생
한여름 더위 먹은 암캐마냥
헐떡이고 있다

여름 눈

황홀한 해저
마린 스노우의 세상
홀로 앉은 식탁
생명의 숲처럼 환하다
침묵으로 익힌
은갈치 한 마리
꿈같은 유영 즐기다 온
못 견딜 은빛 환희
온몸으로 반짝이고 있다
유독 눈부신
도톰한 가운데 토막
아직 내 것 아닌 듯
밀쳐 둔 시선 안에
그리움의 무게 이기지 못한
꼬리 위 빛을 잃은 여름 눈
만질 수 없는 눈물 되어
시린 가슴속 알알이
파랗게 녹아내린다

문경새재

야망의 다리 탄탄했던
이름 모를 젊은 선비
풀빛 꿈, 땀 서린 산길을 밟아

퇴계 선생 시 한 수 심어놓은
용추 계곡 큰 바위에
비움의 새같이 환하게 앉아 본다

멀고 험한 길 가슴 눌릴 때
봇짐에 남은 미투리 위안 삼아
이곳에서 한숨 쉬었다 갔을까

하늘과 숲 숨결 맞닿아
들끓는 세상 까마득 잊게 해
갈바람과 몸을 섞는 청정의 공간

모난 돌 감싸 안고
꺾인 수초 살갑게 부추기며
제 갈 곳 흐르는 순리의 물 따라

낙향의 선비 미련의 얼굴마냥
심장에 돋아나던 욕망의 돌기
석양 칼날에 베여 둥둥 떠내려간다

분리될 수 없는 운명

머리 붙어
서로 얼굴
마주볼 수 없는 고통

두 개의 심장에서 흐르는 피
한 곳의 머리로 모아져
생각 같고 행동이 같은 삶

이별의 수술대 위
한 목숨 별이 되고
뒤따라 또 하나 별이 되는 가엾음

두 심장의 피 서로 섞여
목숨 줄 붙어버린
그대와 나

분리되어 살 수 없는
샴쌍둥이의 운명
아, 그대로 닮았습니다

사순의 어느 날

빨간 점멸등 깜빡이는 혈액공급 차량
하얀 국화 가득 덮은 장의차 내 눈앞을 스칩니다
머리에서 내려오지 않는 죽음의 공포
사순의 끝에 매달려가며 몸부림칩니다

죽지 못해 앓는 삶 끌어안고
끝없이 돌고 도는 전동차 안에
바람으로 흔들리며
묵주를 돌립니다

찬 바닥 엎드린 채
아이 업은
야윈 여인의 등 위로
살기 위해 몸부림치는 막힌 숨 떠다닙니다

허기진 눈빛 끌어안지 못해
헐떡이는 가슴 안으로
차창 너머 자비의 강물 흘러들어와
깊은숨 몰아쉬고 있습니다

인생길 걷는 동안
어려운 이웃, 나눌 수 있는 사랑을 달라고
죄 많은 영혼 교만의 두 손 모아 쥐고
임이시여, 감히 청해봅니다

용서

후쿠오카 공항 활주로 옆
작고 앙증맞은
보라색 꽃 무리가
오랫동안 꽁꽁 동여매 온
내 가슴 검은 끈 슬쩍 당긴다

텐진으로 가는 길
편치 않은 이방인에게
온몸으로 땀 흘리며 길 안내하던
선한 눈매 키 작은 신사

료칸 다다미방 앞
정중히 무릎 꿇고
두 손으로 받쳐 든 찻잔
초록빛 공손한 마음 띄우던 여인

개구리 울음소리 들리는
호테이야 노천 온천탕 속
풀리지 않을 것 같던
서럽고 외롭고 고통스러웠던 삶

오래된 미움의 한
대신 물들여 매고 있던 가슴 끈
스르르 풀어지며
유후인 검은 계곡
하얀 운무로 피어오른다

사랑의 종소리

삼종기도 시간 알리는
수도원 새벽 종소리
영혼에 붉은 울림이 닿아
식어가던 영성의 심장 달아오른다

기쁨의 꽃술 달고
지금껏 살아온 날들의 고마움
갈등의 찬바람에 떨며
가슴으로 녹여내던 용서의 삶

가까이 가고 싶어
하늘로 흘리던 진주 빛 눈물
내 삶의 전부
은총으로 물들인 당신께

빈 마음 가득 채운
감사의 기도향기 올리며
하얀 봄꽃으로 피고픈 소망
은은한 사랑의 종소리 실려
신선한 새벽 하늘 달음질쳐가게 하소서

보푸라기

"단돈 만 원에 새 옷 만들어드립니다"
부대낀 내 삶의 옷들
말끔히 구제하고 싶어
지하철 안
팍팍한 남자의 목소리를 샀다
올올이 부딪혀
설움으로 뭉쳐진 흔적
뗄 수 없는 훈장같이
주렁주렁 매달린 처절한 분신들
잔인하게 잘라내는데
고정된 시선
흔들리는 군중의 무관심 속
독백에 지쳐 돌아서는 남자
등짝에 보풀보풀 돋아난
핏기 없는 삶의 보푸라기
사명처럼 떼 주고 싶어
착각으로 산 그 목소리
미련 없이 되팔아버렸다
찬바람 냉정히 끌어 닫는 육중한 문 사이로

낯선 골목

1. 입구

삐죽, 촉각 곤두세우는
새치머리 자존심
끝 모르고 솟은 콧대의 경계
서로 무장해제를 선언한다
한 지창에 물든 발가벗은 추억 한 줌
기웃기웃 기왓장 담을 넘고
소곤소곤 해거름 지나
여릿여릿 내게로 온다
앓는 유월, 미로처럼 얽힌 낯선 골목
인사동 피맛골 당신과 내가 가면

2. 출구

넓은 도회의 방황
수박 물처럼 내리는 어스름
그 슬픈 빛 싫어
눈 감고 숨어든 공간
붉은 카펫으로 위장된
깨진 보도블록 위

껍데기 어른으로 흔들리는 시간
촘촘히 도열한다
돌고 돌아 한 꺼풀 벗겨진 시야
살찐 밤 고양이
고등어 굽는 냄새 사지를 비틀며 지나간다
앓는 유월, 대로가 보이는 낯선 골목
인사동 피맛골, 당신과 내가 가면

안개 주의 구간
– 대림을 준비하며

한 치 앞 모를 인생
등에 진 삶의 숙제
한 발 한 발
조심스레 풀며 걷는다

희뿌연 눈가림의 진실
빨강도 분홍으로
파랑도 파스텔톤 하늘빛으로
난무하는 광란 속

어디쯤 왔을까
아직도 지나지 못하는
길 위의 유혹
외면의 발걸음 빨라진다

이쯤에서 아무렇지도 않게
혼탁한 물 알갱이
편히 걷어낼 듯도 싶은데
아직은 때가 아닌가 보다

아, 저 길의 끝

그 너머 진실의 빛
설레임의 광채로 웃고 있는데
어서 가자 더욱 조심히…

감, 내시의 씨

봄 내내
떫은 생
잘근잘근 씹히며
사이사이 퍼지는 향
왕관의 존귀로 피고픈
감꽃 즙의 노란 열망

여름 내내
눈물에 삭힌 풋감
와싹 베어 물은 오기
설움이 막힌 새파란 목구멍
걸려버린 체념 덩어리
날밤 게워낸
비지땀 투혼으로 살다

가을 내내
숙연한 삶의 햇살
속속들이 단맛 든
농염한 자태
요리조리 달래어 벗기고
아롱다롱 꼭지 맨 곶감
쫀득쫀득 애환의 주홍 육질

겨우 내내
푸근한 인정의 질항아리
올망졸망 누워
삭풍에 숙성된 붉은 홍시
비장의 분단장 마치고
쓰디쓴 세상 속 깊이
숙명의 핏빛
애절스레 터진다

주홍 코스모스

빈 가을 길에 나서면
흉물스런 양심
몰래 버릴 수 있을 것 같았는데

마주친 주홍 코스모스
본래 자기 자리인 양
당당하고 도도한 눈빛으로 쳐다본다

흠칫 놀란 가슴 발갛게 데이고
아픈 깨달음의 흉터
하나 더 깊이 새기고 왔다

하얀 연분홍, 꽃분홍 가슴으로
저무는 산기슭에 흔들리고 흔들리다
돌아오고 싶었는데…

쉼 없는 몸살

햇빛에 지친 눈 달빛 아래 쉬려는데
부릅뜬 생존의 불빛
눈이 부셔 잠들 수 없다
24시 편의점 24시 찜질방
24시 대형마트 심야극장 심야 택시
어딜 가나 낮과 밤 경계선 모호하고
선을 밟아도 전해오는 감각이 없다
눈꺼풀 가엾은 쉼 없는 몸살
번뇌 잠재우려 정중히 누웠건만
어느새 건너온 앞집 불빛
이방인 쳐다보듯 퀭하니 노려본다
아, 갈수록 지병 키우는 붉은 세상
불면의 열기에 쉴 곳 없는 영혼
그 옛날 고요한 하늘빛 그리워
맑은 기도의 보약 한 잔 들이켠다

단잠의 그 끝

요지경에 빠진
달콤한 꿈의 휴식
파스텔 그림 속 우윳빛 겨울비
자박자박 속살 밟고 오는데

부끄럼 없이 발가벗은 몸
물안개 꽃을 피우며
평등의 기적소리 울리는
희망의 플랫폼에 두 발 내리고 또 내리고

힘겹게 눈 뜨는
낮 시린 골목길
천진한 아이 초롱꽃 웃음
동짓달 마지막 햇살 타고 까르르 굴러가고

고난의 면류관
꾹꾹 눌러 쓴
젊은이의 따수운 피
꿈길에 범람한 축복의 하늘 강에
핏비나리 두 손 담그려 오르고 또 오르고

아,
단잠의 그 끝
영원히 서글퍼 숨이 찰 것 같다

겨울 한가운데쯤

창백한 햇살
옹기종기 붙어 앉은
텃밭의 오후
멀찍이 지켜보던 심술이 다가와
정겨운 수다 흩어놓는다
해풍에 날아온
모래흙 틈 사이
뾰족이 고개 내민
인내의 정월 포항초
초록의 미소로
언 마음에 추파 던지는데
죽지 않은 심술이
탐스런 머리채 휘이익
휘어잡는다
녹고 싶은 조바심에
딴청 부리는데
어느새 하늘 가슴 내려와
살갑게 바다를 껴안고
두 발은 시린데
희망의 섬초 움켜쥔
뜨거운 마음은
아까부터 자꾸만 봄이 마렵다

5
천상의 대화

세속 탁한 말 들리지 않기에
하늘의 맑은 말 노래하는지
천사의 표정, 손짓으로
말하고 알아듣는 세 농아
천상의 대화 엿들으며
지상 언어에 절어 찌든 입
정화의 꽃 피우고 싶어
부러움에 경련 일으킨다

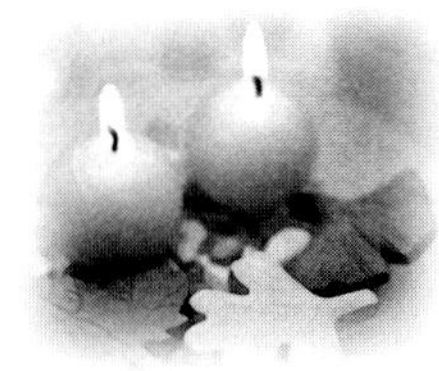

• • • • • 예, 여기 있습니다

가슴에 내린 폭설

도심에 찾아온
백 년 만의 큰 손님
마른 가슴에 물길을 낸다

하얀 카오스의 황홀한 자유
차선 없는 도로에
차고 넘치도록 출렁인다

눈꽃의 매서운 눈길
세상 끄는 물거품의 고삐
하나 둘 잘려나가고

다흰*의 사명으로
묶인 끈 풀어헤친 눈사람
새파랗게 뒹굴며 몸 부풀린다

경인년에 보낸 섭리의 선물
하늘 뜻 제대로 받아
가슴 흠씬 젖고 있는 중이다

*다흰 : 흰 눈꽃같이 세상을 희게 하는 사람. 순우리말

젖은 마음자리

마음, 온통 젖어
매운 연기 피워 올리는 날
들이찬 물 탓하며
검은 눈물만 흘립니다
마음자리 젖은 탓
어찌 물 때문이겠습니까
방심하고 있는 틈
이기심의 물줄기
비난의 물줄기
오만의 물줄기 스며든 게지요
매캐한 연기 내뿜는 성숙의 시간
구석구석 잘 살펴
소박하게 살라 올리고픈 맘
어서 빨리 마르도록
인생 아궁이, 활활 타오르는 마른 장작 위
젖은 마음 올려놓습니다

별의 사랑은

별의 사랑은
바람의 마음입니다
느낄 수 있으나
볼 수 없기 때문입니다

별의 사랑은
이슬의 눈빛입니다
빛나고 있으나
만질 수 없기 때문입니다

별의 사랑은
풀잎의 향기입니다
맡을 수 있으나
안을 수 없기 때문입니다

별의 사랑은
달님의 눈물입니다
가까이 있으나
곁으로 갈 수 없기 때문입니다

오시는 임
- 2009, 대림시기에

당신 마중 나가는 길
곱게 분단장하고
하얀 버선발 뛰어나갑니다
가슴 폭 서리서리 넣어둔
기도의 마음 자락 꺼내어
눈의 순결한 예복 준비합니다

달콤하게 스치는
안락, 쾌락의 유혹바람
파고들지 못하도록
겹겹이 장치한 양심의 덫에 걸려
방울방울 아프게 흘린 선혈
흔적의 무늬 또렷이 일렁입니다

한 걸음 한 걸음 당신의 숨결
가까이 다가올수록
어둠 벽 돌아서서
빛으로 차오르는 벅찬 가슴
감싸 쥐고 달아오르는
작아지고 작아지는 내 얼굴

어여삐 보시고
가엾다 보듬어주시렵니까
찬 하늘에 발가벗은 영혼
너덜거리는 사랑 한 조각
참회의 손, 새로이 씻어 걸며
다시 도는 심장의 온기로 뛰어나가
아이마냥 당신 품에 안기고 싶습니다

사과꽃

춘사월 엷은 맘
눈꽃처럼 피어오르던
거기엔 이유가 있었다

움츠린 가을 산허리
한 계절 감동시킬
붉은 포부도 나름 있었다

언젠가 불어 닥칠
꽃샘바람
떨어질 운명도 알고 있었다

사과꽃 하얗게 웃는다
맺어질 열매 기약 없어도
눈부신 행복 꽃
한가슴에 피었다 가니

회오리 마음 끝

시작이 어딘지 몰라
잡아 내릴 수도 없습니다

하늘로 휘감겨 오를 때
아득함에 취해
꿈처럼 그냥 흘린 게지요

아닌가 하여
스스로 땅에 닿으려

망설임의 허리춤 매달려
발버둥 쳐보지만
아마도 소용없을 겝니다

회오리 마음 끝
탄탄히 잡아 올리는
저 하늘 큰마음 풀기 전에는…

천상의 대화

귀를 찢는
전동차 바퀴 소리
감기던 의식
무음의 대화에 눈을 뜬다

세상 떠도는 오염된 말
두 귀로 들을 수 없음은
그들만이 누리는
신의 특별한 은총일까

세속 탁한 말 들리지 않기에
하늘의 맑은 말 노래하는지
천사의 표정, 손짓으로
말하고 알아듣는 세 농아

천상의 대화 엿들으며
지상 언어에 절어 찌든 입
정화의 꽃 피우고 싶어
부러움에 경련 일으킨다

겨울에 그리운 여름 詩
– 황조롱이

제각각 궁리로
균열이 아슬아슬한
아파트 베란다 공간
황조롱이 한 쌍 찾아들었다

찬 폭우에 젖어
핏줄 싸늘히 식어가도
땡볕에 숨 헐떡이며
의식 잃어가도
핏발 선 눈 감지 못하고
고통의 날개 접지 못하는 인내

더운 계절
번갈아 품고 있는
황조롱이 한 쌍
목숨 같은 새끼 사랑

혼탁한 바람에
이미 무너져 내리고 있는
회색 공간 한 켠을
흩어짐 없는 푸른 숨결
변질됨이 없는
붉은 꽃의 젖으로 채우고 있다

부활절 아침에

돌무덤 밀치고
빛으로 일어나신 주님
당신 주시는
생명의 불씨 받으러
4월의 꽃비 내린 길 뛰쳐나갑니다
어둔 방에서
막 깨어난 아이마냥

당신 계신 곳에
제 영혼 걸었기에
넘어지고 넘어져도
다시 살아나는 목숨입니다
피를 타고 도는 사랑
이제 제 것이 아님을
부활절 아침
당신께 고백합니다

킹 벤자민

– 영랑문학상 수상을 축하받으며

누군가 보내온
초록 잎 푸른 마음 앞에 서서
감동의 숨을 쉽니다

영랑의 순수한 시심(詩心) 속으로
아름답게 걸어가라 빌어준
축복의 마음

한 잎 두 잎 싱싱한 사랑으로 물들어
어둡고 눅눅하던 가슴
환희의 물결 춤을 춥니다

은총으로 주신 달란트
아름답게 사용하라 이르시는 당신의 사랑
누군가 고운 손길에 담아 보냈음을 압니다

오늘 아침
칠월 장맛비에 씻긴 눈부신 햇살 가슴에 녹여
감사의 화답 비 살며시 뿌려봅니다

일치의 날

오묘하고 끝을 알 수 없는
삼위일체의 신비
하늘에서 내리는
촉촉한 단비에 실려
우리 가슴 흠뻑 적시던 날

마음, 마음 열리어
가슴, 가슴 맞대며
우린 하나가 되어 있었습니다

함께 밀어 올리는 희망의 둥근 공 아래
발맞추어 뛰는 인내의 가쁜 호흡 안
마주 보며 웃는 밝은 미소 속에
우린 하나였습니다

하는 일, 사는 모습
제각기 달라도
살 부비며 당기며 밀어주는
관심으로 얼싸안으면

미움보단 사랑
욕심보단 나눔이 먼저란 걸

한 형제 한 자매의 영원한 삶의 진리
기쁨으로 건져 올리는
바다의 힘찬 일렁임 보았습니다

봄비 온종일 은혜로이 내리는 날
목5동 식구
싱싱한 신록의 사랑
뜨거운 일치의 마음 삼키며
오래도록 눈물이 났습니다

가을 숲에서

툭툭
떨어지지 않는 것 없는 가을 숲에서
무엇을 털지 못해 바둥거리나
텅 빈 숲 속
꽉 채워진 마음 하나
툭 떨구면
아,
그 여백 그리도 못 견디게 심심할까
언제까지 남세스럽게 매달려야 떨어질런가

비타민

식탁 위에
반짝이는 보석 알갱이
서로 부둥켜안고
희생의 때 기다리고 있다

값싼 소금처럼
쉽게 구할 수 있는
평범한 사람들의 보약
하늘이 내려주신 선물인지도 모른다

손에 잡히는 한 알
뱃속에 던져 넣고
삶의 골목길
파이팅 외치며 뛰어다니듯

스스로 깨어지고 녹아져
병든 세상
치료의 바람 일으키는
비타민 같은 시인이고 싶다

뉴올리언스의 흑루

죽음의 바람
재앙의 비 뿌리며 지나갈 때
통곡의 비명 허공을 찔렀고
인간의 교만 낙엽처럼 뒹굴었다

어제는 쾌락의 길
끝없이 걷더니
오늘은 부초 되어
물 위를 둥둥 떠다니고 있는가

인간이 건설한 교만의 황금 탑
하룻밤 사이 와르르 무너지는 것
뉴올리언스의 흑루
잊지 않는 사람은 복 있을 것이다

신의 진노 온 세상에 알린
선택의 도시 뉴올리언스
절망의 지구별 가슴에 쓰러져
깨달음의 구도자로 희망의 부활 꿈꾸고 있다

실재와 부재
– 막달레나 어머님 추모 기일에

이른 아침
청소기 윙윙 돌리다
바람결에 들려오는
당신의 목소리

텅 빈 방문
활짝 열어젖히니
묵주 알 돌리시는
평화로운 모습

반가워 달려가면
홀연히 사라져가는
당신의 숨소리

삶과 죽음
실재와 부재
그 가운데서 가슴 아픈 나는
영원한 당신의 며느리입니다

아이스댄싱

가을 안개 입맞춤
발그레한 한 쌍의 불꽃 춤사위
바닥으로 미끄러지는
고개 숙임 뒤에는
하늘로 번쩍 올려지는
꿈같은 호사가 있고
끊어질 듯 감겼다 풀어지는
애증의 실타래 매운 눈웃음 서려 있다
타성의 의자에 달라붙어
오랫동안 굳어 있던 골반 뼈
피돌기로 일어서는
파리한 반란의 소리에 귀가 열린다
춘삼월 실바람에 휘감기는
버들가지의 교태일까
정염으로 파도치는 바닷물
매끄럽게 껴안는
갯바위의 농염일까
다가서면 헝클어지고
물러서면 잊혀지는
뒤틀린 비애와 끝없는 애틋함
둘이서 무언의 대화를 그리듯

빙판 위에 조화로운 몸짓
정수리, 뚝 떨어지는
차가운 물 한 방울의 감동
척추를 타고 흘러내려
풀린 골반 속 못 견디도록 적셔놓는다

까치밥

선달 삭풍에 말라
주검처럼 흔들리는
보시의 홍시 하나

얼다 녹다 지친 살점
뚝뚝 떨구며
시린 하늘 가슴에 기대어 운다

선혈이 날개 덮어도
배부름의 희열에
심장 쪼아대는 까치

살기 위해 내뿜는
필사의 입김 보며
더 많이 녹아주려

넘어가는 겨울 해
꼬리를 잡고
만신창이 지친 몸 비비고 있다

ㅣ서평ㅣ

부르심에 대한 응답, 사랑의 실천 시학

손희락 (시인·문학평론가)

1. 시적 특징 – 주님의 은총과 경건한 신앙의 조화

김미화의 시를 읽으면, 어디선가 맑고 상쾌한 바람이 불어온다. 헝클어진 머리를 단정하게 하고 욕실로 달려가 청결하게 한 후에 거울 앞에 서서 자신의 모습을 점검해보고 싶은 충동에 빠져든다.

절제된 언어, 노련미 넘치는 시적 기교보다는 깊은 신앙에서 발산되는 시적 진실과 자아 성찰의 향기가 진동하고 있기 때문에, 기독교 정신이 내재된 좋은 작품을 만나면 반복해서 시인의 '생각'과 '감정'을 추적하게 되는 것이다.

한 편의 시 속에 응축된 순수한 마음, 경건한 시적 진실이 독자에게 전달될 수 있다는 것은 특별한 은총으로, 하늘이 주신 재능이다.

주님을 영접한 후, 성전에 드나든 신앙 연조만 깊다고 해서 마음(mind)과 영(spirit)이 성령의 지배 하에서 이끌림을 받거나, 거룩한 성화의 길을 유혹 없이 걸어갈 수 있는 것은 아니다. 하늘이 주시는 특별한 은총으로 일거수일투족 그 마음과 육체를 붙잡아주고, 사사건건 간섭하는 절대자의 영향력 아래 사로잡혀 있을 때만 가능할 것이다. 성서적인 용어를 굳이 빌려 말한다면 절대자의 소유로 '인 치고(seal)' '비준(ratify)' 하는 신앙적 테스트 과정을 통과한 후에만 가능한 것이라고 말할 수 있다.

신·구교를 불문하고, 삶의 기본 텍스트인 성서의 영향을 받은 사람이라면 거룩한 뜻을 따라서 성결한 삶을 살기를 원하지만, 실제로 그분의 영역 안에서 자유를 노래하는 영혼은 그리 많지 않다. 김미화는 어떤 철학과 시 정신을 가졌기에 자아 신앙을 원천으로 다양한 진리를 함축한 작품을 쓰고 있는 것일까. 종교와 문학을 대등한 선상에 올려놓고 고뇌·갈등하고 있는 심적 상태가 궁금해진다.

당신 마중 나가는 길
곱게 분단장하고
하얀 버선발 뛰어나갑니다
가슴 폭 서리서리 넣어둔
기도의 마음 자락 꺼내어
눈의 순결한 예복 준비합니다

달콤하게 스치는
안락, 쾌락의 유혹바람

파고들지 못하도록
겹겹이 장치한 양심의 덫에 걸려
방울방울 아프게 흘린 선혈
흔적의 무늬 또렷이 일렁입니다

한 걸음 한 걸음 당신의 숨결
가까이 다가올수록
어둠 벽 돌아서서
빛으로 차오르는 벅찬 가슴
감싸 쥐고 달아오르는
작아지고 작아지는 내 얼굴

어여삐 보시고
가엾다 보듬어주시렵니까
찬 하늘에 발가벗은 영혼
너덜거리는 사랑 한 조각
참회의 손, 새로이 씻어 걸며
다시 도는 심장의 온기로 뛰어나가
아이마냥 당신 품에 안기고 싶습니다

–「오시는 임 – 2009, 대림 시기에」 전문

이 시는 대림절(待臨節)을 앞두고 쓰였다. 대림절은 예수 성탄 대축일을 준비하고 기다리기 위한 4주간의 기간이다. 시인은 이 작품에서 예수를 '오시는 임'으로 설정하고 있다.

성서의 핵심 부분인 예수 탄생의 사건을 두고, 만인의 구세주로 이 땅에 오신 분을 '임'으로 설정했으니 자신은

임을 기다리는 지조 있는 여인이 된다.

1연에서 버선발로 뛰어나가고, 눈같이 흰 순결의 예복을 준비한다는 표현으로 시작하여, 각 연의 행간에서 전해지는 임을 향한 애틋한 사랑, 불변의 믿음, 진솔한 고백 등은 시를 읽는 독자뿐만 아니라 주님을 감동시키기에도 충분해 보인다.

4연에서 "어여삐 보시고/ 가엾다 보듬어주시렵니까/ …중략…/ 아이마냥 당신 품에 안기고 싶습니다" 하는 표현들은 수많은 가톨릭 신자 중에서 신랑 되신 예수의 눈빛을 자신에게 향하도록 관심을 끌기에 부족함이 없어 보인다. 왜냐하면 순결하고 진실한 가슴으로 성탄절의 재회를 위하여 준비하고 있기 때문이다. 사랑하는 여인이 이런 애절한 고백을 한다면 가슴 뜨거워져 감동의 눈물을 흘릴 수밖에 없을 것이다.

이 시는 신앙 시에 속하다 보니 운율은 매끄럽게 흐르지 않지만, '예수 사랑' 이라는 정절의 지조, 이미지의 속뜻을 행간에서 확실하게 세우고 있기 때문에 시적 모티브에 접근할수록 왠지 가슴이 뜨거워진다. 불특정 다수의 독자를 감동시켜 오랜 시간 지속되는 행복을 안겨주는 독특한 화음으로 울려 퍼지는 것이 김미화 시학의 특징이라고 말할 수 있다. 주님을 향한 열정적 구애와 인간을 향한 사랑의 실천이 문학적 조화를 이루면서 행간에서 적절히 표출되고 있다.

한국 문단에 자아 신앙을 원천으로 기독교 정신이 내재된 시를 쓰는 시인들은 많지만, 진솔함을 표현하는 순수한 기교면에서는 화자가 앞서 있다. 김미화의 시는 유창하거나 화려하지는 않지만, 주님의 마음을 움직일 만큼 진실하기 때문에 단순한 시의 노래라기보다는 맑고 순결한 영혼의 기도이며 문학이 갖는 초월성, 형이상학의 세계로 삶에 지친 영혼들을 초대하고 있다.

2. 부르심에 대한 겸손한 응답 – 예, 여기 있습니다

시인은 일상에서 '하늘의 목소리'를 듣는 청각, 신령한 귀를 소유하고 있다. 자신을 향한 하늘의 목소리를 일상에서 포착할 수 있다는 것은, 심적 상태의 청결함과 문학적 감성의 예민함이 어느 정도인지 유추하게 한다. 고상한 인격을 지닌 독특한 시인이 아닐 수 없다.

변화무쌍한 이 세상은
당신이 부르시는
지엄한 목소리로 충만합니다

이른 아침 평화로운 새소리로 부르시고
깊은 산 속 들꽃 향기로 부르시고
풍랑 치는 바닷가 성난 파도로 부르시더니
침상에 눕게 하는 질병의 채찍으로 부르십니다

거룩한 목소리 들려오는
장소, 환경, 상황은 달랐지만

당신께 올리는 대답은 하나뿐

주님
수도자는 아니지만
감사와 겸손으로 엎드립니다
예, 스텔라 여기 있습니다

–「예, 여기 있습니다 · 1」 전문

이 시에서 나타난 시인의 의식은 '목소리의 충만' 으로 나타난다. 각박한 세상, 삶을 지배하고 있는 목소리의 실체는 주님이고, 자신은 어디에 있든지 어떤 환경에 있든지 반드시 "예" 하고 대답해야 할 주종(主從)의 위치 혹은 신랑과 신부(연인) 관계로 설정되어 있음을 인식하고 있다.

2연에서 표출된 시인의 깨달음은 깊다. '평화로운 새소리', '들꽃 향기', '성난 파도', '질병의 채찍' 등 이 모든 상황이 다 주님의 '목소리' 라고 소개하고 있다. 이렇게 인식하게 된 자세한 상황은 함축되었지만, 직접 체험에서 얻은 깨달음인 것 같다.

3연에서 '주님의 목소리는 장소, 환경, 상황을 초월하여 들려오지만, 자신의 대답은 오직 하나뿐' 이라는 절대 순종의 자의식 또한 흥미롭다.

그런데 4연에서는 독특하게 대답한다. "주님/ 수도자는 아니지만/ 감사와 겸손으로 엎드립니다" 이 진술을 역설적으로 해석하면 "나는 수도자는 아니지만 수도자같이 경건하게 살아가고 있습니다" 하는 세련된 자기 고백으로 들려온다.

평설을 쓰면서 시인에게서 발산되는 진한 향기의 실체가 바로 이것이었음을 깨닫게 된다. 신부나 수녀같이 종신서원을 하지 않고, 아들딸 양육하며 한 남자의 아내로 살아가고 있는 평신도에 불과하지만, 그의 삶은 주님이 부르시면 어떤 환경에서도 "예" 하고 대답할 수 있는 철저한 준비가 되어 있는, 신앙적으로 체질화된 일상이라는 것이다.

세상 행복을 일부분 포기한 수도자라고 해서 더 위대하고, 평신도라고 해서 신앙의 깊이에 어떤 한계점이 설정되어 있는 것은 아닐 것이다. 화자의 신앙은 깨어 있는 자의식 속에서 날마다 들려오는 주님의 목소리를 일상에서 들어가며 연단을 받고, 먼 훗날 주어질 영광을 위하여 영혼의 성화를 묵묵히 이루어가고 있는 깊은 고뇌를 발견하게 된다.

이 시에서 표출되는 시인의 믿음은 깊다. 그 증거를 2연 4행에서 발견할 수 있다. '침상에 눕게 하는 질병의 채찍' 으로도 자신을 부르신다는 진술이다. 믿는 이들을 사랑하는 방법론에 있어서 그리스도의 구원 계획(counsel)을 시적으로 소개하고 있는 멋스러운 표현이 아닐 수 없다. 질병의 고통 속에서 신음하고 있는 독자들에게 해결의 돌파구를 찾도록, 육체적 불행에 대한 인식을 전환하는 위로의 메시지가 될 것 같다.

주님
벅찬 가슴으로 엎드린 사제에게
하늘 문 열어
물고기 잡을 촘촘한 그물 내려주시듯
현실 앞에 엎드린
연약한 여인에게도
성모님 은총으로
강건한 육신 허락하여 주십시오

갈릴리 호숫가
그물 치는 사제의 뒤를 따라
양동이 들고 가는 발걸음 되도록
기도 바치는 입술 위에
축복하여 주십시오

길 잃고 방황하는
영혼과 영혼 사이
사랑, 평화로 닦여진
길을 트게 하시고

천상의 찬미로
우울한 눈빛들 끌어안고
위로의 등 두드리며
사제 앞으로 인도하게 하십시오

벼랑 끝 뿌리 말라가는 초목 발견하시어
물 주는 이 찾으실 때 불러주십시오

별빛 깊은 밤에도
예, 스텔라 여기 있습니다
대답하겠나이다

–「예, 여기 있습니다 · 2」 전문

「예, 여기 있습니다」는 두 편의 연작시로 구성되어 있다. 이 시는 어느 교구에서 거행된 사제의 서품식 광경을 묘사하면서 출발하고 있다. 자신의 이름이 호명될 때 두렵고 떨림으로 제대 앞에 나가 엎드리는 사제를 보면서 화자의 부러움은 절정에 달한다. 시집 제목 '예, 여기 있습니다' 이미지가 바로 이 광경에서 생성된 것이다.

3연에서 시인은 "갈릴리 호숫가/ 그물 치는 사제의 뒤를 따라/ 양동이 들고 가는 발걸음" 되기를 원한다고 기도한다. 여기에서 갈릴리 호숫가는 고해와 같은 이 세상을 상징하고 있다. 부르심을 받은 사제는 촘촘한 그물을 던져 고기를 잡고, 자신은 잡은 고기들이 상하지 않도록 담아두는 양동이 역할을 하고 싶다는, 구령애에 불타는 심정을 시적으로 형상화했다.

이 시에서 등장하는 '양동이'는 바로 시인 자신이다. 자신은 양동이 역할만 할 수 있다면 만족하겠다는 표현이다. 양동이는 물을 가득 채워 사제의 그물에 걸린 고기(영혼)들이 헤엄치며 살 수 있도록 자신을 희생해야 하기 때문에 그물 던지는 것만큼 역할이 중요하다. 양동이가 텅 비거나 물(신앙 인격)이 밑바닥에 깔리면 문제가 발생한다. 물고기들이 펄쩍펄쩍 뛰며 가쁜 숨을 몰아쉬는 씁

쓸한 현상을 21세기 현대 교회나 성당에서 쉽게 목도할 수 있기 때문이다.

시인은 고귀한 생명을 살리는 사명자, '양동이' 가 되고 싶다고 말한다. 화자가 양동이라면, 목마른 영혼들에게 해갈의 기쁨을 주는 양동이에 채워질 생명수는 무엇인가. 그것은 김미화의 가슴을 관통하며 흐른 시(詩)라고 해석할 수 있다. 이번 시집에 수록된 80여 편의 작품들은 바로 양동이에 채워진 물과 같다. 독자들의 영혼, 그 목마름을 일부분 해갈시켜 줄 수 있다면 '양동이' 로 설정된 시인은 기뻐서 춤이라도 덩실덩실 출 것 같다.

「예, 여기 있습니다」 1편과 2편에서 특이한 것은 자신의 본명(영세명)을 그대로 인용하고 있다는 점이다. "별빛 깊은 밤에도/ 예, 스텔라 여기 있습니다/ 대답하겠나이다" 이 부분에서 감춰진 시인의 상상력이나 의도는 예사롭지 않다. 불특정 다수의 독자를 향하여 쓴 시에서 자신의 존재를 '영세명' 으로 확실하게 각인시키고 있기 때문이다. 이런 발상은 자신의 삶에 가까이 다가와 계신 주님을 소개하면서 신앙시의 새로운 지평을 열어가려는 신선한 시도로 보인다. 시를 읽으며 그냥 지나치기 쉬운 부분에서 자신의 '종교적 본명' 으로 대체하여 누구나 한 번 시선을 고정할 수 있도록 유도하고 있기 때문이다.

이 시를 읽는 가톨릭 교우들은 '스텔라' 대신 마리아, 헬레나, 요셉, 안드레아 등으로 변환해 주님과의 관계를 복원하면서 소명의식을 일깨우는 기회로 이 시에 접근할 것 같다.

시인의 의도이든 아니든 간에, 이 부분에서 독자의 시선은 고정될 수밖에 없다. 김미화의 시학은 신앙을 매개로 양동이에 찬 생수가 되어 목마른 영혼들에게 기쁨과 행복을 전해주고 싶은 사랑의 실천 정신과, 자신에게 부과된 사명감이 혼합되어 작품 속에서 출렁거리고 있다.

3. 시인의 고뇌 – '예, 여기 있습니다' 의 의미

김미화의 시를 읽으면 잔잔한 평화로움 속에서 파도치는 내면의 고뇌가 느껴진다. 그 고뇌는 의식주에 대한 물질적인 것이 아니다. 자신보다는 타인과 교우들을 위하여 자신을 기꺼이 희생하는 바보 같은 삶을 살아가고 싶은 신앙적 고뇌이고, 매개적 역할을 위하여 간절히 기도하지만 온전한 실행에 옮기지 못하는 아픔이 깊숙이 배어 있다.

자신이 바보임을 알고 떠난
어느 큰 성직자의 초상화 앞에서
나도 바보가 되고 싶어
눈물이 났습니다
바보가 걸어가는 길
곳곳에 놓인 십자가
무겁다 길다 거칠다
불평 없이 지고 갈
인내의 어깨를 청해봅니다

고통의 언덕 올라
기쁨의 구슬땀 내려놓을 곳
바보가 가 닿는 종착지
진짜 바보가 웃으며 지고 있는
사랑의 십자가 아래이면 좋겠습니다
그 십자가 아래에
바보의 행복한 눈물 오래 흘리고 싶습니다

–「십자가 아래에」 전문

이 시는 김수환 추기경의 서거 소식을 듣고 쓴 작품이다. 초상화 속에서 천진난만 바보 같이 웃고 있는 사제의 모습을 바라보면서, 자신도 바보가 되어 바보 같이 살고 싶어 눈물이 난다고 진술하고 있다.

세계적으로 거대한 도시, 이기주의적 삶의 불꽃이 튀고, 총알이 팽팽 스치는 전쟁터 같은 서울 땅에 살면서 바보가 되고 싶다는 시인의 심정은 갈등과 고뇌로 들끓고 있는 지뢰밭이다. 하루에도 몇 번씩 스스로 지뢰의 뇌관을 건드려 화상을 입거나 폭발음에 시달릴 것 같다. 진정한 바보, 남을 위해 모든 것을 내어주면서 사랑의 십자가를 질 수 있다면 좋겠다는 희생적 고백 앞에서, 수도복을 입었는가 아니면 사복을 입었는가는 중요하지 않을 것이다.

화자의 고뇌와 침묵은 평범하지 않다. 오래전부터 가슴 속에서 꺼지지 않는 불꽃같이 연기를 내며 타오르고 있는 '현재 진행형' 의 아픔이고, 눈물이다. 단 한 번뿐인 인생, 십자가를 지고 살다가 후회 없이 이 세상을 떠나고 싶은 미래를 투시하는 깨달은 자의 욕망이기 때문에 주님 앞에서 기도로만 교감할 수밖에 없다. 시인이 성당에서 기도하는 시간은 환희가 넘치는 은밀한 기쁨을 맛보며, 고뇌의 불꽃을 스스로 조절하고, 삐쭉 돌출된 지뢰를 다시 매설하는 행복한 시간이 된다.

이런 고뇌는 수많은 사람들 중 '선택된 소수의 백성(God' s peculiar people)' 들에게만 허용된 은혜이자 축복이다. 현대인들은 먹고, 마시고, 입는 외적인 고뇌에 빠져서 진정한 자아를 망각한 채 대충대충 살아가고 있기 때문이다.

> 갈릴리 호숫가
> 그물 치는 사제의 뒤를 따라
> 양동이 들고 가는 발걸음 되도록
> 기도 바치는 입술 위에
> 축복하여 주십시오
>
> 길 잃고 방황하는
> 영혼과 영혼 사이
> 사랑, 평화로 닦여진
> 길을 트게 하시고
>
> 천상의 찬미로
> 우울한 눈빛들 끌어안고
> 위로의 등 두드리며
> 사제 앞으로 인도하게 하십시오
>
> –「예, 여기 있습니다 · 2」 부분

앞에서 소개했던 시이지만, 다시 한 번 읽어보자. 이 시에서 시인은 '양동이'로 묘사되어 있다. 그 양동이 안에 무엇을 채워야 할 것인가. 고뇌하던 화자는 주님이 주신 재능과 사명감을 발견하여 시인의 길을 걷게 되었다. 시야에 포착되는 사물과 사건들을 자기만의 독특한 독법으로 읽어, 평화로운 언어와 감동이 넘치는 이미지로 변환시키는 작업에 몰두하고 있는 것이다. 김미화의 생에서 시인의 길은 운명이고, 삶의 명제이며, 인생의 절대적 목표이다.

1980년대 이후 문예잡지의 다양성이 확보된 이후에 수많은 엘리트가 '시인'이라는 명칭을 쉽게 얻었다. 시인이라는 이름표는 가슴에 달았지만 '왜 시인이 되어야 했는가' 하는 진정한 고뇌나 확신이 수반되지 못한 까닭에, 양적인 성장과 함께 질적인 저하를 가져오고 말았다.

평자는 이 시대의 시인을 세 종류로 구분하고 싶다. 첫째는 신분 상승을 위해 시인이 된 사람, 둘째는 부모나 친지의 권유로 시인이 된 사람, 셋째는 운명적으로 고뇌 속에서 사명을 인식하고 하늘의 선택을 받아 시인이 된 사람이다. 화자에게 있어서 문학은 종교와 같고, 시인이라는 명칭은 거룩한 성직과 동일시되는 경향이 탐색된다. '양동이'의 물을 아름다운 시로 채워서 방황하는 영혼들과 나누면서, 지독한 고뇌와 갈등에서 벗어나려고 몸부림치고 있기 때문이다.

"길 잃고 방황하는/ 영혼과 영혼 사이/ 사랑, 평화로 닦여진/ 길을 트게 하는" 도구는 현대인들에게 그 인기를 상실당한 문학이고 시(詩)라는 판단은, 정확하여 오류가 없다. 문학의 힘을 종교적인 것에 버금가는 것으로 확신하고, 문학을 통한 휴머니즘을 실현하기 위해 “예, 여기 있습니다” 하고 응답하며 기도하고 있는 것이다.

김미화의 시는 언어의 유희나 기교를 중시하는 함정에서 탈피한다. 급변하는 시대에서 방황하는 현대인들을 위한 진리적 이정표를 부각시키며, 신앙시의 새로운 지평을 여는 일에 몰두하고 있다.

지면 관계상 다 일별하지 못하지만 「누구신가요」「사랑의 종소리」「천상의 대화」「별의 사랑은」「온전한 포기」「그대의 마음 방」「정년퇴임」「앉은뱅이 소」「나를 닮은 딸」「매미와 사람」「또 다른 나」 등은 주목할 만한 유익한 작품이다.

4. 결론 — 희망적 메시지

김미화의 시는 절망과 모순이 가득 찬 세상에 대하여, 슬픈 감정으로 바라보지 않는다.

고귀한 목숨을 스스로 버리며, 방황하는 어둠이 깊어 갈수록 오히려 거기서 빛을 찾아내고, 삶의 아름다움과 미래의 희망, 성모님에 대한 사랑을 노래한다. 시인의 눈빛이 시들어가는 꽃의 절망보다는 잔존하는 향기의 가치를 높이고 있는 것은, 타고난 본성이 선하고 그 내면의 인격이 고상하기 때문이다.

시인의 작품 속에는 절망이 없고, 슬픔이나 좌절 또한 없다. 편안한 시어로 부드럽게 속삭이듯, 시를 읽는 독자들을 향하여 숲에 가려져 보이지 않는 귀한 열매들을 보여준다. 부질없는 것을 버리고 그것을 취할 수 있도록 신앙적 의식을 일깨우는 행복한 고뇌의 길로 유도하고 있다.

그대여,
아침에 눈을 뜨면
무엇을 떠올립니까
마음이 문을 열고
아름다운 세상을 담는 시간
기쁘게 해줄 한 사람
마음의 맑은 여백에 초대하십시오

단 한 사람이라도
기쁘게 해줄 존재가 있다면
행복한 사람입니다
행복은 마음 안에 고이는 옹달샘
사랑의 샘물로 자라는 꽃입니다

그대여,
아침에 눈을 뜨면
이제 투명한 햇살 한 줌
가슴속 곱게 무늬 져 번져오며
피어난 행복의 꽃들
미소로 다가와 손 내밀어 줄 것입니다

–「행복을 위한 하루」 전문

자아 성찰하며
통회하는 심정으로
가슴 칩니다

벽과 벽
단절된 공간 허물고 불어오는
용서의 바람 소리

사제의 훈계와 보속
성모님 부드러운 음성으로 변환되어
평화, 기쁨을 줍니다

–「고해성사」 전문

위에서 인용한 두 편의 시는 시적 주제와 상황은 다르지만 작품 속에 흐르는 메시지는 동일하다.

행복을 위한 하루를 살기 위해서도 '믿음' 안에 있어야 하고, 무거운 죄의 고통에서 벗어나 평화를 누리는 비결도 성모님 안에, 혹은 가톨릭교회의 법도 안에, 신앙 안에 머물고 있어야 한다는 것을 단언하고 있다. 현실에 대한 불만족이나 불행은 신앙과 진리에서 이탈하여 스스로 만들어낸 탐욕의 결과임을 깨닫게 한다.

특히 「고해성사」에서는 보속을 전하는 사제의 목소리가 성모님의 음성으로 변환되어 평화와 기쁨을 준다고 외치고 있어, '벽과 벽' 을 놓고 마주 앉는 고해소의 어색함이나 간격의 불편함을 허물어버린다.

김미화의 시는 수녀 시인 이해인의 시와 닮았다. 시를 구성하는 방법이나 시적 음색은 다르지만, 기도문처럼 전개되는 진솔한 고백을 통하여 마음을 사로잡는 평화로운 마력은 같다. 다른 점이 있다면 수도복을 입은 것과 사복을 입은 것의 차이뿐, 작품 속에서 진동하는 그윽한 향기는 세상에 때 묻지 않은 한 송이 백합화와 같다.

화자는 사랑하는 교우들과 함께 살아 숨 쉬는 동안 동행하기를 원한다. '천국' 이라는 궁극적 종착지가 같기 때문에 갈팡질팡하는 인생길 걷다 힘들 때마다 아름다운 목소리로 진리를 노래하여 힘을 북돋울 자신의 사명이 중대하다는 것을 인식하고 있다.

미국계 영국시인 T. S. 엘리엇(Thomas Stearns Eliot, 1888-1965)은 영적으로 빈곤한 혼돈의 시대에서 사회적 갈등의 돌파구를 성서를 접목시킨 문학에 있다고 확신하고, 1943년 '시의 사회적 기능' 이라는 제목으로 강연도 하고 작품도 썼다. 오늘 우리가 처한 시대적 현실도 심각한 상황에 놓여 있다. 물질적으로는 풍요롭지만, 영적·정신적으로 빈곤하여 40분마다 고귀한 생명이 스스로 목숨줄을 끊어버리고 있다. 김미화의 시가 신앙 회복과 사랑의 본질을 중심으로 성서와 문학을 접목시켰기 때문에 '새롭다' '신선하다' 는 평가를 할 수 있을 것 같다.

각자 신봉하는 종교를 떠나서 '예, 여기 있습니다' , 인간으로 태어나 길을 걷고 있는 존재적 현 위치에 대하여 점검할 수 있기를 바라면서, 인연이 닿은 독자들에게 정독을 권한다.